Ursula Wagner (Hrsg.)

Die schönsten Weihnachtsgedichte

Illustriert von Silvia Christoph

Ullstein

Ullstein Buchverlage GmbH & Co. KG,
Berlin
Taschenbuchnummer: 24079

Originalausgabe
3. Auflage November 1998

Umschlagentwurf:
Drews Design, Berlin
Illustration:
Superbild
Alle Rechte vorbehalten
© 1996 für diese Ausgabe
by Verlag Ullstein GmbH,
Frankfurt/M – Berlin
Printed in Germany 1998
Gesamtherstellung:
Ebner Ulm
ISBN 3 548 24079 8

Gedruckt auf alterungs-
beständigem Papier mit
chlorfrei gebleichtem Zellstoff

Die Deutsche Bibliothek –
CIP-Einheitsaufnahme

Die schönsten Weihnachtsgedichte /
Ursula Wagner (Hrsg.). – Orig.-Ausg.,
3. Aufl. – Berlin: Ullstein, 1998
(Ullstein-Buch; Nr. 24079)
ISBN 3-548-24079-8
NE: GT

Inhalt

Ich wünsche mir . . .
C. G. Hering, Morgen, Kinder,
    wird's was geben 11
Karl Gerok, Erwartung 13
Beim Kaufmann 15
Theodor Storm, Das Bettelkind 16
Hoffmann von Fallersleben,
    Vom Honigkuchenmann 18
Die Geschenke 19
Heinrich Seidel, Ich wünsche mir ein
    Schaukelpferd 20
Albert Sergel, Weihnachten 22
Hoffmann von Fallersleben, Nußknacker 24
Ich wünsch' mir was 25

Es weihnachtet sehr . . .
Wilhelm Lobsien, Dämmerstille Nebelfelder 29
Heinrich Heine, Altes Kaminstück 30
Georg Trakl, Winternacht 32
Theodor Storm, Vom Himmel
    in die tiefsten Klüfte 33
Walther von der Vogelweide,
    Im gelobten Lande 34
Joseph von Eichendorff,
    Die Flucht der Heiligen Familie 35
Rudolf Otto Wiemer,
    Es geht ein heimlich Funkeln 37
Matthias Claudius,
    Es stand ein Sternlein am Himmel 38
Joseph von Eichendorff, Weihnachten 39
Christian Friedrich Hebbel,
    Die Weihe der Nacht 40

Ernst Wiechert, Auf einer Krippe 41
Rudolf Alexander Schröder,
   Laß schauen uns dein Angesicht 43
Georg Thurmair, Der Weihnachtsstern 44

Von drauß', vom Walde komm' ich her . . .
   Joachim Ringelnatz, Die Weihnachtsfeier
   des Seemanns Kuttel Daddeldu 47
   Josef Georg Oberkofler, Zum 6. Dezember 50
   Heinrich Heine, Die heiligen drei Könige 51
   Johann Wolfgang von Goethe,
   Epiphaniasfest 52
   Die Weisen aus dem Morgenland 54
   Peter Cornelius, Die Könige 56
   Paula Dehmel, Knecht Ruprecht 57
   Max Mell, Die Heiligen Drei Könige 59
   Paula Dehmel, St. Niklas Auszug 60
   Theodor Storm, Knecht Ruprecht 62

Ich habe das Christkind gesehen . . .
   Anna Ritter, Vom Christkind 67
   Zu Bethlehem geboren 68
   Robert Reinick, Das Christkind 69
   Über die Hütte weht der Wind 71
   Friedrich Rückert,
   Des fremden Kindes heiliger Christ 72
   Kiek an, wat is de Himmel so rot! 76
   Annette von Droste-Hülshoff,
   Zu Bethlehem, da ruht ein Kind 77
   Ernst von Wildenbruch, Christkind im Walde 78
   Robert Walser, Das Christkind 79
   Friedrich Güll, Ein Brief vom Christkindlein 80
   Advent 82

Am Weihnachtsbaum die Lichter brennen ...

Friedrich Güll, Vor dem Christbaum 85
Hoffmann von Fallersleben, Der Weihnachtsbaum . . 86
Der Bratapfel 88
Wilhelm Busch, Der Stern 89
Friedrich Rückert, Aus der Kinderstube 90
Ernst Moritz Arndt, Der Weihnachtsbaum 92
Hoffmann von Fallersleben, Der Traum 94
Rudolf Alexander Schröder, Nun duftet Wachs . . . 96
Rätsel 97
Gottfried Keller,
    Christmarkt vor dem Berliner Schloß 98
Christian Morgenstern,
    Das Weihnachtsbäumlein 99

Es naht die heilige Nacht ...

Rainer Maria Rilke, Advent 103
Joachim Ringelnatz, Weihnachten 104
Ludwig Thoma, Heilige Nacht (I) 105
Ludwig Thoma, Heilige Nacht (II) 106
Ernst Wiechert, Weihnacht 107
Annette von Droste-Hülshoff,
    Am Weihnachtstag 108
Gerhard Fritsch, Die Nacht des Heils 110
Albert Sergel, Vor Weihnachten 112
Eduard Mörike, Die heilige Nacht 113
Johann Peter Hebel,
    Die Mutter am Christabend 114
Bertolt Brecht, Die gute Nacht 116

Dies ist der Tag, den Gott gemacht ...

Theodor Storm, Weihnachtslied 121
Erich Kästner, Weihnachtslied,
    chemisch gereinigt 122

Matthias Claudius,
    Ein Lied hinterm Ofen zu singen 124
Theodor Fontane, Weihnachtsepistel 126
Guter Nikolaus 128
Lieber, guter Nikolaus 129
Christian F. Gellert, Weihnachtslied 130
Werner Bergengruen,
    Kaschubisches Weihnachtslied 131
Kindergebete 133

Quellenverzeichnis 135

Ich wünsche mir . . .

Morgen, Kinder, wird's was geben

Morgen, Kinder, wird's was geben,
morgen werden wir uns freun!
Welch ein Jubel, welch ein Leben
wird in unserm Hause sein!
Einmal werden wir noch wach,
heißa, dann ist Weihnachtstag!

Wie wird dann die Stube glänzen
von der großen Lichterzahl!
Schöner als bei frohen Tänzen
ein geputzter Kronensaal.
Wißt ihr noch, wie vor'ges Jahr
es am Heil'gen Abend war?

Wißt ihr noch mein Räderpferdchen,
Malchens nette Schäferin,
Jettchens Küche mit dem Herdchen
und dem blankgeputzten Zinn?
Heinrichs bunten Harlekin
mit der gelben Violin?

Wißt ihr noch den großen Wagen
und die schöne Jagd von Blei?
Und die Kleiderchen zum Tragen
und die viele Näscherei?
Meinen fleiß'gen Sägemann
Mit der Kugel unten dran?

Welch ein schöner Tag ist morgen!
Neue Freude hoffen wir,
Unsre guten Eltern sorgen
lange lange schon dafür.
O gewiß, wer sie nicht ehrt,
ist der ganzen Lust nicht wert!

C. G. Hering

Erwartung

Die Kindlein sitzen im Zimmer –
Weihnachten ist nicht mehr weit –
bei traulichem Lampenschimmer
und jubeln: »Es schneit! Es schneit!«

Das leichte Flockengewimmel,
es schwebt durch die dämmernde Nacht
herunter vom hohen Himmel,
vorüber am Fenster so sacht.

Und wo ein Flöckchen im Tanze
den Scheiben vorüberschweift,
da flimmert's in silbernem Glanze,
vom Lichte der Lampe bestreift.

Die Kindlein seh'n 's mit Frohlocken.
Sie drängen ans Fenster sich dicht.
Sie verfolgen die silbernen Flocken . . .
Die Mutter lächelt – und spricht:

»Wißt, Kinder, die Engelein schneidern
im Himmel jetzt früh und spät.
An Puppendecken und Kleidern
wird auf Weihnachten genäht.

Da fällt von Säckchen und Röckchen
manch silberner Flitter beiseit',
vom Bettchen manch Federflöckchen.
Auf Erden sagt man: Es schneit!

Und seid ihr recht lieb und vernünftig,
ist manches für euch auch bestellt.
Wer weiß, was Schönes euch künftig
vom Tische der Engelein fällt!«

Die Mutter spricht's. Vor Entzücken
den Kleinen das Herze da lacht.
Sie träumen mit seligen Blicken
hinaus in die zaub'rische Nacht.

Karl Gerok

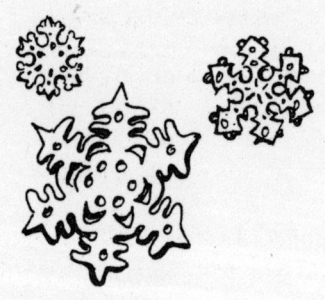

Beim Kaufmann

Kommt nur herbei, ihr Leut',
gute War' hab ich heut':
Zucker und Honigseim,
Lebkuchen, Pfeffernuß,
Rosinen, Zwetschgenmus,
Quitten, Johannisbrot,
Biskuit und Anisbrot,
Weinbeer' und Zitronat,
Konfekt und Schokolad,
Schifflein und Zuckerstern,
Feigen und Mandelkern,
Datteln und Hutzelbrot,
ei, so versucht ein Lot,
hier kauft ihr alles echt,
was ihr nur haben möcht'.

Das Bettelkind

Die fremde Stadt durchschritt ich sorgenvoll,
Der Kinder denkend, die ich ließ zu Haus.
Weihnachten war's; durch alle Gassen scholl
Der Kinderjubel und des Markts Gebraus.

Und wie der Menschenstrom mich fortgespült,
Drang mir ein heiser' Stimmlein in das Ohr:
»Kauft, lieber Herr!« Ein magres Händchen hielt
Feilbietend mir ein ärmlich' Spielzeug vor.

Ich schrak empor, und beim Laternenschein
Sah ich ein bleiches Kinderangesicht;
Wes Alters und Geschlechts es mochte sein,
Erkannt' ich im Vorübertreiben nicht.

Nur von dem Treppenstein, darauf es saß,
Noch immer hört' ich, mühsam, wie es schien:
»Kauft, lieber Herr!« den Ruf ohn' Unterlaß;
Doch hat wohl keiner ihm Gehör verliehn.

Und ich? – War's Ungeschick, war es die Scham,
Am Weg zu handeln mit dem Bettelkind?
Eh' meine Hand zu meiner Börse kam,
Verscholl das Stimmlein hinter mir im Wind.

Doch als ich endlich war mit mir allein,
Erfaßte mich die Angst im Herzen so,
Als säß' mein eigen Kind auf jenem Stein
Und schrie nach Brot, indessen ich entfloh.

Theodor Storm

Vom Honigkuchenmann

Keine Puppe will ich haben –
Puppen gehn mich gar nichts an.
Was erfreun mich kann und laben,
Ist ein Honigkuchenmann,
So ein Mann mit Leib und Kleid
Durch und durch von Süßigkeit.

Stattlicher als eine Puppe
Sieht ein Honigkerl sich an,
Eine ganze Puppengruppe
Mich nicht so erfreuen kann.
Aber seh ich recht dich an,
Dauerst du mich, lieber Mann.

Denn du bist zum Tod erkoren –
Bin ich dir auch noch so gut,
Ob du hast ein Bein verloren,
Ob das andre weh dir tut:
Armer Honigkuchenmann,
Hilft dir nichts, du mußt doch dran!

Hoffmann von Fallersleben

Die Geschenke

Da guck einmal, was gestern Nacht
Christkindlein gebracht:
Ein Räppchen, ein Wäglein,
ein Käppchen, ein Kräglein,
ein Büchlein, ein Sprüchlein.
Und nun gar erst den Weihnachtsbaum,
ein schönrer steht im Walde kaum.
Ja, schau her und schau nur hin
und schau, wie ich so glücklich bin.

Ich wünsche mir ein Schaukelpferd

Ich wünsche mir ein Schaukelpferd,
'ne Festung und Soldaten
Und eine Rüstung und ein Schwert,
Wie sie die Ritter hatten.

Drei Märchenbücher wünsch' ich mir
Und Farben auch zum Malen
Und Bilderbogen und Papier
Und Gold- und Silberschalen.

Ein Domino, ein Lottospiel,
Ein Kasperletheater,
Auch einen neuen Pinselstiel
Vergiß nicht, lieber Vater!

Ein Zelt und sechs Kanonen dann
Und einen neuen Wagen
Und ein Geschirr mit Schellen dran,
Beim Pferdespiel zu tragen.

Ein Perspektiv, ein Zootrop,
'ne magische Laterne,
Ein Brennglas, ein Kaleidoskop –
Dies alles hätt' ich gerne.

Mir fehlt – ihr wißt es sicherlich –
Gar sehr ein neuer Schlitten.
Und auch um Schlittschuh' möchte ich
Noch ganz besonders bitten.

Um weiße Tiere auch von Holz
Und farbige von Pappe,
Um einen Helm mit Federn stolz
Und eine Flechtemappe.

Auch einen großen Tannenbaum,
Dran hundert Lichter glänzen,
Mit Marzipan und Zuckerschaum
Und Schokoladenkränzen.

Doch dünkt dies alles euch zu viel,
Und wollt ihr daraus wählen,
So könnte wohl der Pinselstiel
Und auch die Mappe fehlen.

Als Hänschen so gesprochen hat,
Sieht man die Eltern lachen:
»Was willst du, kleiner Nimmersatt,
Mit all den vielen Sachen?

Wer so viel wünscht«, der Vater spricht's,
»Bekommt auch nicht ein Achtel –
Der kriegt ein ganz klein wenig Nichts
In einer Dreierschachtel.«

Heinrich Seidel

Weihnachten

Da brennt der grüne Weihnachtsbaum
mit Lichtern weiß und rot;
und Gaben liegen auf dem Tisch:
ein Korb mit Zuckerbrot!
Der Gummiball, das Bilderbuch!
Die Arche mit Getier!
Ein Schaukelpferd, und sonst noch was:
Christkind, ich danke dir!

Albert Sergel

Nußknacker

Nußknacker, du machst ein grimmig Gesicht –
Ich aber, ich fürchte vor dir mich nicht:
Ich weiß, du meinst es gut mit mir,
Drum bring ich meine Nüsse dir.
Ich weiß, du bist ein Meister im Knacken:
Du kannst mit deinen dicken Backen
Gar hübsch die harten Nüsse packen
Und weißt sie vortrefflich aufzuknacken.
Nußknacker, drum bitt ich dich, bitt ich dich,
Hast bessere Zähn als ich, Zähn als ich.
O knacke nur, knacke nur immerzu!
Ich will dir zu Ehren
Die Kerne verzehren.
O knacke nur, knack knack, knack! immerzu!
Ei, welch ein braver Kerl bist du!

Hoffmann von Fallersleben

Ich wünsch' mir was

Ich wünsch' mir was!
Was ist denn das?
Das ist ein Schloß aus Marzipan
mit Türmen aus Rosinen dran
und Mandeln an den Ecken.
Ganz zuckersüß und braungebrannt
und jede Wand aus Zuckerkand –
da kann ich tüchtig schlecken!
Und Diener laufen hin und her
mit Saft und Marmelade,
und drinnen, in dem Schlosse drin,
sitzt eine Frau, die Königin –
die ist aus Schokolade!

Es weihnachtet sehr . . .

Dämmerstille Nebelfelder

Dämmerstille Nebelfelder,
schneedurchglänzte Einsamkeit,
und ein wunderbarer weicher
Weihnachtsfriede weit und breit.

Nur mitunter, windverloren,
zieht ein Rauschen durch die Welt,
und ein leises Glockenklingen
wandert übers stille Feld.

Und dich grüßen alle Wunder,
die am lauten Tag geruht,
und dein Herz singt Kinderlieder
und dein Sinn wird fromm und gut.

Und dein Blick ist voller Leuchten,
längst Entschlaf'nes ist erwacht . . .
und so gehst du durch die stille
wunderweiche Winternacht.

Wilhelm Lobsien

Altes Kaminstück

Draußen ziehen weiße Flocken
Durch die Nacht, der Sturm ist laut;
Hier im Stübchen ist es trocken,
Warm und einsam, stillvertraut.

Sinnend sitz' ich auf dem Sessel,
An dem knisternden Kamin,
Kochend summt der Wasserkessel
Längst verklungne Melodien.

Und ein Kätzchen sitzt daneben,
Wärmt die Pfötchen an der Glut;
Und die Flammen schweben, weben,
Wundersam wird mir zumut.

Dämmernd kommt heraufgestiegen
Manche längst vergeßne Zeit,
Wie mit bunten Maskenzügen
Und verblichner Herrlichkeit.

Schöne Fraun, mit kluger Miene,
Winken süßgeheimnisvoll,
Und dazwischen Harlekine
Springen, lachen, lustigtoll.

Ferne grüßen Marmorgötter,
Traumhaft neben ihnen stehn
Märchenblumen, deren Blätter
In dem Mondenlichte wehn.

Wackelnd kommt herbeigeschwommen
Manches alte Zauberschloß
Hintendrein geritten kommen
Blanke Ritter, Knappentroß.

Und das alles zieht vorüber,
Schattenhastig übereilt –
Ach! da kocht der Kessel über,
Und das nasse Kätzchen heult.

Heinrich Heine

Winternacht

Es ist Schnee gefallen. Nach Mitternacht verläßt du betrunken von purpurnem Wein den dunklen Bezirk der Menschen, die rote Flamme ihres Herdes. O die Finsternis!

Schwarzer Frost. Die Erde ist hart, nach Bitterem schmeckt die Luft. Deine Sterne schließen sich zu bösen Zeichen.

Mit versteinerten Schritten stampfst du am Bahndamm hin, mit runden Augen, wie ein Soldat, der eine schwarze Schanze stürmt. Avanti!

Bitterer Schnee und Mond!

Ein roter Wolf, den ein Engel würgt. Deine Beine klirren schreitend wie blaues Eis und ein Lächeln voll Trauer und Hochmut hat dein Antlitz versteinert und die Stirne erbleicht vor der Wollust des Frostes;

oder sie neigt sich schweigend über den Schlaf eines Wächters, der in seiner hölzernen Hütte hinsank.

Frost und Rauch. Ein weißes Sternenhemd verbrennt die tragenden Schultern und Gottes Geier zerfleischen dein metallenes Herz.

O der steinerne Hügel. Stille schmilzt und vergessen der kühle Leib im silbernen Schnee hin.

Schwarz ist der Schlaf. Das Ohr folgt lange den Pfaden der Sterne im Eis.

Beim Erwachen klangen die Glocken im Dorf. Aus dem östlichen Tor trat silbern der rosige Tag.

Georg Trakl

Vom Himmel in die tiefsten Klüfte

Vom Himmel in die tiefsten Klüfte
Ein milder Stern herniederlacht;
Vom Tannenwalde steigen Düfte
Und hauchen durch die Winterlüfte,
Und kerzenhelle wird die Nacht.

Mir ist das Herz so froh erschrocken,
Das ist die liebe Weihnachtszeit!
Ich höre fernher Kirchenglocken
Mich lieblich heimatlich verlocken
In märchenstille Herrlichkeit.

Ein frommer Zauber hält mich wieder,
Anbetend, staunend muß ich stehn;
Es sinkt auf meine Augenlider
Ein goldner Kindertraum hernieder,
Ich fühl's, ein Wunder ist geschehn.

Theodor Storm

Im gelobten Lande

Nun erst leb ich ohne Fährde,
seit sich meinem Auge weist
das heilige Land und diese Erde,
die man also lobt und preist.
Mein ist, was ich je erbat,
da ich schauen darf den Pfad,
welchen menschlich Gott betrat.

Schöne Lande, segensreiche,
hab ich Wandrer viel gesehn,
keines, das sich dir vergleiche:
Was sind Wunder hier geschehn!
Eine Magd ein Kind gebar
hehr von aller Engel Schar:
Ob das nicht ein Wunder war!

Walther von der Vogelweide
Aus dem Mittelhochdeutschen von
Karl Simrock

Die Flucht der Heiligen Familie

Länger fallen schon die Schatten,
durch die kühle Abendluft,
waldwärts über stille Matten
schreitet Joseph von der Kluft,
führt den Esel treu am Zügel;
linde Lüfte fächeln kaum,
's sind der Engel leise Flügel,
die das Kindlein sieht im Traum.
Und Maria schauet nieder
auf das Kind voll Lust und Leid,
singt im Herzen Wiegenlieder
in der stillen Einsamkeit.
Die Johanniswürmchen kreisen
emsig leuchtend über'n Weg,
wollen der Mutter Gottes weisen
durch die Wildnis jeden Steg.
Und durchs Gras geht süßes Schaudern,
streift es ihres Mantels Saum;
Bächlein auch läßt jetzt sein Plaudern,
und die Wälder flüstern kaum,
daß sie nicht die Flucht verraten.

Joseph von Eichendorff

Es geht ein heimlich Funkeln

Es geht ein heimlich Funkeln
durch alle Welt verhüllt.
Es steht ein Stern im Dunkeln,
die Zeit ist nun erfüllt.

Die Weisen in den Winden
sind aller Fragen satt.
Der Engel soll sie finden,
der gute Botschaft hat.

Die Hirten in den Flocken
haben nicht Haus noch Licht.
Bald wird ein Wort frohlocken,
das heißt: Fürchtet euch nicht!

Ein Kindlein wird geboren
im Stall bei Ochs und Stier.
Die Welt ist nicht verloren:
Das Himmelreich ist hier.

Rudolf Otto Wiemer

Es stand ein Sternlein am Himmel

Es stand ein Sternlein am Himmel,
Ein Sternlein guter Art;
Das tät so lieblich scheinen,
So lieblich und so zart.

Ich wußte seine Stelle
Am Himmel, wo es stand,
Trat abends vor die Schwelle
Und suchte, bis ich's fand.

Das Sternlein ist verschwunden,
Ich suche hin und her,
Wo ich es sonst gefunden,
Und find es nun nicht mehr.

Matthias Claudius

Weihnachten

Markt und Straßen stehn verlassen,
still erleuchtet jedes Haus,
sinnend geh ich durch die Gassen,
alles sieht so festlich aus.

An den Fenstern haben Frauen
buntes Spielzeug fromm geschmückt,
tausend Kindlein stehn und schauen,
sind so wunderstill beglückt.

Und ich wandre aus den Mauern
bis hinaus ins freie Feld,
hehres Glänzen, heilges Schauern!
Wie so weit und still die Welt.

Sterne hoch die Kreise schlingen,
aus des Schnees Einsamkeit
steigts wie wunderbares Singen –
o du gnadenreiche Zeit!

Joseph von Eichendorff

Die Weihe der Nacht

Nächtliche Stille!
Heilige Fülle,
wie von göttlichem Segen schwer,
säuselt aus ewiger Ferne daher.

Was da lebte,
wie aus engem Kreise
auf ins Weitste strebte,
sanft und leise
sank es in sich selbst zurück
und quillt auf in unbewußtem Glück.

Und von allen Sternen nieder
strömt ein wunderbarer Segen,
daß die müden Kräfte wieder
sich in neuer Frische regen,
und aus seinen Finsternissen
tritt der Herr, so weit er kann,
und die Fäden, die zerrissen,
knüpft er alle wieder an.

Christian Friedrich Hebbel

Auf einer Krippe

Komm nun wieder, stille Zeit,
Krippe, Stern und Kerzen,
Will in allem Erdenleid
Diese Welt verschmerzen.

Zwischen meinen Fingern rinnt
Still der Sand des Lebens,
Weiß nicht, was der Weber spinnt,
Doch er spinnt vergebens.

Was wir vor uns auch gebracht,
Pflugschar rauscht darüber,
Fährmann steht am Saum der Nacht,
Und es ruft: »Hol über!«

Kind und Stern und Dach und Tier,
So begann die Reise,
Und so endet's dir wie mir:
Erste, letzte Speise.

Aus den Windeln lächelt's stumm
Zu der Mutter Neigen,
Ochs und Esel stehn herum,
Und die Sterne schweigen.

Schuld und Fehle rechnen nicht,
Jedes Herz muß tragen,
Scheine wieder, sanftes Licht,
Wie in Kindertagen.

Tief darüber beug ich mich,
Gleichnis allen Lebens,
Ende fügt zum Anfang sich,
Nichts scheint mehr vergebens.

Wenn sich jede Tür verschließt,
Eins kannst du bewahren:
Daß du vor der Liebe kniest
Noch in weißen Haaren.

Ernst Wiechert

Laß schauen uns dein Angesicht

Wir harren, Christ, in dunkler Zeit;
gib deinen Stern uns zum Geleit
auf winterlichem Feld.
Du kamest sonst doch Jahr um Jahr,
nimm heut auch unsrer Armut wahr
in der verworrenen Welt.

Es geht uns nicht um bunten Traum
von Kinderlust und Lichterbaum;
wir bitten, blick uns an
und laß uns schaun dein Angesicht,
drin jedermann, was ihm gebricht,
gar leicht verschmerzen kann.

Es darf nicht immer Friede sein;
wer's recht begriff, der gibt sich drein.
Hat jedes seine Zeit.
Nur deinen Frieden, lieber Herr,
begehren wir je mehr und mehr,
je mehr die Welt voll Streit.

Rudolf Alexander Schröder

Der Weihnachtsstern

Wieder glänzt der Abendstern
und entzündet all die andern
Himmelslichter nah und fern.
Und er mahnt auch mich, zu wandern
durch das riesengroße All,
eine Reise anzutreten,
um in einem kleinen Stall
hinzuknien und anzubeten,
wo ein Kindlein diese Welt,
diese unermeßlich weite,
große, dunkle, tiefe, breite,
in den kleinen Händen hält.

Georg Thurmair

Von drauß', vom Walde komm' ich her . . .

Die Weihnachtsfeier des Seemanns
Kuttel Daddeldu

Die Springburn hat festgemacht
Am Petersenkai.
Kuttel Daddeldu jumpte an Land,
Durch den Freihafen und die stille heilige Nacht
Und an dem Zollwächter vorbei.
Er schwenkte einen Bananensack in der Hand.
Damit wollte er dem Zollmann den Schädel spalten.
Wenn er es wagte, ihn anzuhalten.
Da flohen die zwei voreinander mit drohenden Reden.
Aber auf einmal trafen sich wieder beide im König von
    Schweden.

Daddeldus Braut liebte die Männer vom Meere,
Denn sie stammte aus Bayern.
Und jetzt war sie bei einer Abortfrau in der Lehre,
Und bei ihr wollte Kuttel Daddeldu Weihnachten feiern.

Im König von Schweden war Kuttel bekannt als Krakeeler.
Deswegen begrüßte der Wirt ihn freundlich: »Hallo old
    sailer!«
Daddeldu liebte solch freie, herzhafte Reden,
Deswegen beschenkte er gleich den König von Schweden.
Er schenkte ihm Feigen und sechs Stück Kolibri
Und sagte: »Da nimm, du Affe!«
Daddeldu sagte nie »Sie«.
Er hatte auch Wanzen und eine Masse
Chinesische Tassen für seine Braut mitgebracht.

Aber nun sangen die Gäste »Stille Nacht, Heilige Nacht«,
Und da schenkte er jedem Gast eine Tasse
Und behielt für die Braut nur noch drei.
Aber als er sich später mal darauf setzte,
Gingen auch diese versehentlich noch entzwei,
Ohne daß sich Daddeldu selber verletzte.

Und ein Mädchen nannte ihn Trunkenbold
Und schrie: er habe sie an die Beine geneckt.
Aber Daddeldu zahlte alles in englischen Pfund in Gold.
Und das Mädchen steckte ihm Christbaumkonfekt
Still in die Taschen und lächelte hold
Und goß noch Genever zu dem Gilka mit Rum in den
    Sekt.

Daddeldu dachte an die wartende Braut.
Aber es hatte nicht sein gesollt,
Denn nun sangen sie wieder so schön und so laut.
Und Daddeldu hatte die Wanzen noch nicht verzollt,
Deshalb zahlte er alles in englischen Pfund in Gold.

Und das war alles wie Traum.
Plötzlich brannte der Weihnachtsbaum.
Plötzlich brannte das Sofa und die Tapete,
Kam eine Marmorplatte geschwirrt,
Rannte der große Spiegel gegen den kleinen Wirt.
Und die See ging hoch und der Wind wehte.

Daddeldu wankte mit einer blutigen Nase
(Nicht mit seiner eigenen) hinaus auf die Straße.
Und eine höhnische Stimme hinter ihm schrie:
»Sie Daddel Sie!«
Und links und rechts schwirrten die Kolibri.

Die Weihnachtskerzen im Pavillon an der Mattentwiete
   erloschen.
Die alte Abortfrau begab sich zur Ruh.
Draußen stand Daddeldu
Und suchte für alle Fälle nach einem Groschen.

Da trat aus der Tür seine Braut
Und weinte laut:
Warum er so spät aus Honolulu käme?
Ob er sich gar nicht mehr schäme?
Und klappte die Tür wieder zu.
An der Tür stand: »Für Damen.«

Es dämmerte langsam. Die ersten Kunden
   kamen,
Und stolperten über den schlafenden Daddeldu.

Joachim Ringelnatz

Zum 6. Dezember

Ich bin der heil'ge Nikolaus,
ich komm herab vom Himmelshaus;
der Weg ist weit, der Wind ist kalt,
und ein Jahrtausend bin ich alt.
Im Himmel hab' ich Reich und Thron,
ein Zepter und eine goldene Kron'.

Doch jedes Jahr um diese Zeit
vor Weihnachten, wenn's stürmt und schneit,
da mach' ich durch die Welt die Rund'
und tu mich braven Kindern kund.
Gott grüße euch, und seid nicht bang,
leicht ist die Prüfung und nicht lang.

Josef Georg Oberkofler

Die heiligen drei Könige

Die heil'gen drei Kön'ge aus Morgenland,
sie frugen in jedem Städtchen:
»Wo geht der Weg nach Bethlehem,
ihr lieben Buben und Mädchen?«
Die Jungen und Alten, sie wußten es nicht,
die Könige zogen weiter,
sie folgten einem goldenen Stern,
der leuchtete lieblich und heiter.
Der Stern bleibt stehn über Josephs Haus,
da sind sie hineingegangen;
das Öchslein brüllte, das Kindlein schrie,
die heil'gen drei Könige sangen.

Heinrich Heine

Epiphaniasfest

Die heiligen drei Kön'ge mit ihrem Stern,
sie essen, sie trinken und bezahlen nicht gern;
sie essen gern, sie trinken gern,
sie essen, sie trinken und bezahlen nicht gern.

Die heiligen drei Kön'ge, sie kommen allhier,
es sind ihrer drei und nicht ihrer vier,
und wenn zu drein der vierte wär,
so wär ein heiliger drei König mehr.

Ich erster bin der weiß und auch der schön,
bei Tage solltet ihr mich erst sehn!
Doch ach, mit allen Spezerein
werd ich mein Tag kein Mädchen mehr erfreun.

Ich aber bin der braun und der lang,
bekannt bei Weibern wohl und bei Gesang;
ich bringe Gold statt Spezerein,
da werd ich überall willkommen sein.

Ich endlich bin der schwarz und bin der klein
und mag auch wohl einmal recht lustig sein.
Ich esse gern, ich trinke gern,
ich esse, trinke und bedanke mich gern.

Die heiligen drei König sind wohlgesinnt,
sie suchen die Mutter und das Kind;
der Joseph fromm sitzt auch dabei,
der Ochs und Esel liegen auf der Streu.

Wir bringen Myrrhen, wir bringen Gold,
dem Weihrauch sind die Damen hold,
und haben wir Wein von gutem Gewächs,
so trinken wir drei so gut wie ihrer sechs.

Da wir hier nun schöne Herrn und Fraun,
aber keine Ochs und Esel schaun,
so sind wir nicht am rechten Ort
und ziehen unseres Weges weiter fort.

Johann Wolfgang von Goethe

Die Weisen aus dem Morgenland

Wir kommen daher ohn' allen Spott,
ein' schön' guten Abend geb' euch Gott,

Ein' schön' guten Abend, eine fröhliche Zeit,
die uns der Herr Christus hat bereit'.

Wir kommen hierher von Gott gesandt
mit diesem Stern aus Morgenland.

Wir zogen daher in schneller Eil',
in dreißig Tagen vierhundert Meil'.

Wir kamen vor Herodes' Haus,
Herodes schaut zum Fenster heraus:

»Ihr lieben drei Weisen, wo wollt ihr hin?«
»Nach Bethlehem steht unser Sinn;

nach Bethlehem, in Davids Stadt,
allwo der Herr Christ geboren ward.«

»Ihr lieben Weisen, bleibt heute bei mir,
ich will euch geben gut Quartier;

ich will euch geben Heu und Streu,
und will euch halten in Zehrung frei.«

»Ach, lieber Herodes, das kann nicht geschehn,
wir müssen den Tag noch weiter gehn.«

Wir zogen miteinander den Berg hinaus,
wir sahen, der Stern stand über dem Haus.

Wir zogen miteinander das Tal hinein
und fanden das Kind im Krippelein.

Wir fanden das Kind, war nackend und bloß,
Maria nahm's auf ihren Schoß.

Und Joseph zog sein Hemdlein aus,
gab's Maria, die macht Windeln d'raus.

Wir taten unsre Schätze auf
und schenkten dem Kinde Gold, Weiherauch.

Gold, Weiherauch und Myrrhen fein:
Das soll unser König sein!

(Nach empfangener Gabe:)

Ihr habt uns eine Verehrung geb'n,
der liebe Gott laß euch in Frieden leb'n!

Wir können hier nicht länger bleiben,
der Stern soll uns noch weiter leuchten.

Volksgut

Die Könige

Drei Könige wandern aus Morgenland,
Ein Sternlein führt sie zum Jordanstrand,
In Juda fragen und forschen die drei,
Wo der neugeborene König sei.
Sie wollen Weihrauch, Myrrhen und Gold
Zum Opfer weihen dem Kindlein hold.

Und hell erglänzt des Sternes Schein,
Zum Stalle gehen die Könige ein,
Das Knäblein schauen sie wonniglich,
Anbetend neigen die Könige sich,
Sie bringen Weihrauch, Myrrhen und Gold
Zum Opfer dar dem Knäblein hold.

O Menschenkind, halte treulich Schritt,
Die Kön'ge wandern, o wand're mit!
Der Stern des Friedens, der Gnade Stern
Erhelle dein Ziel, wenn du suchest den Herrn;
Und fehlen dir Weihrauch, Myrrhen und Gold,
Schenke dein Herz dem Knäblein hold!

Peter Cornelius

Knecht Ruprecht

Der Esel, der Esel,
Wo kommt er denn her?
Von Wesel, von Wesel,
Er will ans Schwarze Meer.

Wer hat denn, wer hat denn
Den Esel so bepackt?
Knecht Ruprecht, Knecht Ruprecht
Mit seinem Klappersack.

Mit Nüssen, mit Äpfeln,
Mit Spielzeug allerlei,
Und Kuchen, ja Kuchen
Aus seiner Bäckerei.

Wo bäckt denn, wo bäckt denn
Knecht Ruprecht seine Speis?
In Island, in Island,
Drum ist sein Bart so weiß.

Die Rute, die Rute,
Die ist dabei verbrannt;
Heut sind die Kinder artig
Im ganzen deutschen Land.

Ach Ruprecht, ach Ruprecht,
Du lieber Weihnachtsmann:
Komm auch zu mir
Mit deinem Sack heran.

Paula Dehmel

Die Heiligen Drei Könige

Die Heiligen Drei Könige, die großen Herrn,
die nachgezogen dem Wunderstern,
in deutschem Land ist ein goldener Schrein,
der birgt zu erhabener Ruh ihr Gebein.

Von der großen Wanderschaft ruhn sie aus,
um die sie ließen Habe und Haus.
Gewaltiger Stern! Da er ihnen erschien
und ihr Herz verwandelt, erkannten sie ihn.

Da brechen sie auf, da ziehn sie von dann',
sie wissen kein Wo, sie wissen kein Wann,
sie finden einander, o Glück hoher Art,
da sich jedem bekräftigt die Wanderfahrt!

Verheißung ernährt sie überall,
sie finden das Dörflein, sie finden den Stall.
Sie finden das Kripplein, sie finden das Kind.
Gott, gib, daß so jeder Suchende find'!

Max Mell

St. Niklas Auszug

St. Niklas zieht den Schlafrock aus,
klopft seine lange Pfeife aus
und sagt zur heiligen Kathrein:
»Öl mir die Wasserstiefel ein,
bitte hol auch den Knotenstock
vom Boden und den Fuchspelzrock;
die Mütze lege obendrauf,
und schütt dem Esel tüchtig auf,
wir reisen, es ist Weihnachtszeit.
Und daß ich's nicht vergess', ein Loch
ist vorn im Sack, das stopfe noch!
Ich geh' derweil zu Gottes Sohn
und hol' mir meine Instruktion.«

Die heil'ge Käthe, sanft und still,
tut alles, was St. Niklas will.
Der klopft indes beim Herrgott an;
St. Peter hat ihm aufgetan
und sagt: »Grüß Gott, wie schaut's denn aus?«
und führt ihn ins himmlische Werkstättenhaus.
Da sitzen die Englein an langen Tischen,
ab und zu Feen dazwischen,
die den kleinsten zeigen, wie's zu machen,
und weben und kleben die niedlichen Sachen,
hämmern und häkeln, schnitzen und schneidern,
fälteln die Stoffe zu niedlichen Kleidern,
packen die Schachteln, binden sie zu
und haben so glühende Bäckchen wie du!
Herr Jesus sitzt an seinem Pult
und schreibt mit Liebe und Geduld
eine lange Liste. Potz Element,
wieviel artige Kinder Herr Jesus kennt!

Die sollen die schönen Engelsgaben
zu Weihnachten haben.
Was fertig ist, wird eingesackt
und auf das Eselchen gepackt.
St. Niklas zieht sich recht warm an –
Kinder, er ist ein alter Mann –,
und es fängt tüchtig an zu schnein,
da muß er schon vorsichtig sein!

So geht es durch die Wälder im Schritt,
manch Tannenbäumchen nimmt er mit.
Und wo er wandert, bleibt im Schnee
manch Futterkörnchen für Hase und Reh.
Leise macht er die Türen auf,
jubelnd umdrängt ihn der kleine Hauf:
»St. Niklas, St. Niklas, was hast du gebracht?
Was haben die Englein für uns gemacht?«
»Schön Ding! Gut Ding! Aus dem himmlischen Haus!
Langt in den Sack! Holt euch was raus!«

Paula Dehmel

Knecht Ruprecht

Von drauß', vom Walde komm' ich her;
Ich muß euch sagen, es weihnachtet sehr!
Allüberall auf den Tannenspitzen
Sah ich goldene Lichtlein sitzen;

Und droben aus dem Himmelstor
Sah mit großen Augen das Christkind hervor.
Und wie ich so strolcht' durch den finstern Tann,
Da rief's mich mit heller Stimme an:
»Knecht Ruprecht«, rief es, »alter Gesell,
Hebe die Beine und spute dich schnell!
Die Kerzen fangen zu brennen an,
Das Himmelstor ist aufgetan,
Alt' und Junge sollen nun
Von der Jagd des Lebens einmal ruhn;
Und morgen flieg' ich hinab zur Erden,
Denn es soll wieder Weihnachten werden!«
Ich sprach: »O lieber Herre Christ,
Meine Reise fast zu Ende ist;
Ich soll nur noch in diese Stadt,
Wo's eitel gute Kinder hat.«
– »Hast denn das Säcklein auch bei dir?«
Ich sprach: »Das Säcklein, das ist hier;
Denn Äpfel, Nuß und Mandelkern
Fressen fromme Kinder gern.«
– »Hast denn die Rute auch bei dir?«
Ich sprach: »Die Rute, die ist hier;
Doch für die Kinder nur, die schlechten,
Die trifft sie auf den Teil, den rechten!«
Christkindlein sprach: »So ist es recht;
So geh mit Gott, mein treuer Knecht!«

Von drauß', vom Walde komm' ich her:
Ich muß euch sagen, es weihnachtet sehr!
Nun sprecht, wie ich's hierinnen find'!
Sind's gute Kind', sind's böse Kind'?

Theodor Storm

Ich habe das
Christkind gesehen . . .

Vom Christkind

Denkt euch – ich habe das Christkind geseh'n!
Es kam aus dem Walde, das Mützchen voll Schnee,
mit rot gefrorenem Näschen.
Die kleinen Hände taten ihm weh;
denn es trug einen Sack, der war gar schwer,
schleppte und polterte hinter ihm her –
was drin war, möchtet ihr wissen?
Ihr Naseweise, ihr Schelmenpack –
meint ihr, er wäre offen, der Sack?
Zugebunden bis oben hin!
Doch war gewiß was Schönes drin:
Es roch so nach Äpfeln und Nüssen!

Anna Ritter

Zu Bethlehem geboren

Zu Bethlehem geboren
Ist uns ein Kindelein.
Das hab ich auserkoren:
Sein eigen will ich sein,
Eia, eia, sein eigen will ich sein.

In seine Lieb versenken
Will ich mich ganz hinab;
Mein Herz will ich ihm schenken
Und alles, was ich hab,
Eia, eia, und alles, was ich hab.

O Kindelein, von Herzen
Will ich dich lieben sehr
In Freuden und in Schmerzen
Je länger und je mehr,
Eia, eia, je länger und je mehr.

Dazu dein Gnad wollst geben,
Bitt ich aus Herzensgrund,
Daß ich nur dir mög leben
Jetzt und zu aller Stund,
Eia, eia, jetzt und zu aller Stund.

Laß mich von dir nicht scheiden,
Knüpf zu, knüpf zu das Band
Der Liebe zwischen beiden;
Nimm hin mein Herz zum Pfand,
Eia, eia, nimm hin mein Herz zum Pfand.

Kölner Psalter

Das Christkind

Die Nacht vor dem Heiligen Abend,
da liegen die Kinder im Traum.
Sie träumen von schönen Sachen
und von dem Weihnachtsbaum.

Und während sie schlafen und träumen,
wird es am Himmel klar,
und durch den Himmel fliegen
drei Engel wunderbar.

Sie tragen ein holdes Kindlein,
das ist der Heilige Christ.
Es ist so fromm und freundlich,
wie keins auf Erden ist.

Und wie es durch den Himmel
still über die Häuser fliegt,
schaut es in jedes Bettchen,
wo nur ein Kindlein liegt.

Es freut sich über alle,
die fromm und freundlich sind,
denn solche liebt von Herzen
das liebe Himmelskind.

Heut schlafen noch die Kinder
und sehen es nur im Traum.
Doch morgen tanzen und springen
sie um den Weihnachtsbaum.

Robert Reinick

Über die Hütte weht der Wind

Über die Hütte weht der Wind,
wo Joseph und Maria sind.
In den Ritzen Heu und Stroh,
und die beiden so wunderfroh.

In diesem allerärmsten Haus
geht ein Glanz von dem Kinde aus,
das in dieser sel'gen Nacht
in der Krippe liegt und lacht.
Engel kommen und wiegen es ein.
Das ist das süße Jesulein.

Volksgut

Des fremden Kindes heiliger Christ

Es läuft ein fremdes Kind
am Abend vor Weihnachten
durch eine Stadt geschwind,
die Lichter zu betrachten,
die angezündet sind.

Es steht vor jedem Haus
und sieht die hellen Räume,
die drinnen schaun heraus,
die lampenvollen Bäume;
weh wird's ihm überaus.

Das Kindlein weint und spricht:
»Ein jedes Kind hat heute
ein Bäumchen und ein Licht,
und hat dran seine Freude,
nur bloß ich armes nicht!

An der Geschwister Hand,
als ich daheim gesessen,
hat es mir auch gebrannt;
doch hier bin ich vergessen
in diesem fremden Land.

Läßt mich denn niemand ein
und gönnt mir auch ein Fleckchen?
In all' den Häuserreih'n,
ist denn für mich kein Eckchen,
und wär' es noch so klein?

Läßt mich denn niemand ein?
Ich will ja selbst nichts haben,
ich will ja nur am Schein
der fremden Weihnachtsgaben
mich laben ganz allein!«

Es klopft an Tür und Tor,
an Fenster und an Laden,
doch niemand tritt hervor,
das Kindlein einzuladen;
sie haben drin' kein Ohr.

Ein jeder Vater lenkt
den Sinn auf seine Kinder;
die Mutter sie beschenkt,
denkt sonst nichts mehr noch minder.
Ans Kindlein niemand denkt.

»O lieber, heil'ger Christ!
Nicht Mutter und nicht Vater
hab' ich, wenn du's nicht bist.
O sei du mein Berater,
weil man mich hier vergißt!«

Das Kindlein reibt die Hand,
sie ist von Frost erstarret;
es kriecht in sein Gewand
und in dem Gäßlein harret,
den Blick hinaus gewandt.

Da kommt mit einem Licht
durchs Gäßlein hergewallet,
im weißen Kleide schlicht,
ein ander Kind; – wie schallet
es lieblich, da es spricht:

»Ich bin der heil'ge Christ,
war auch ein Kind vordessen,
wie du ein Kindlein bist.
Ich will dich nicht vergessen,
wenn alles dich vergißt;

Ich bin mit meinem Wort
bei allen gleichermaßen;
ich biete meinen Hort
so gut hier auf den Straßen,
wie in den Zimmern dort.

Ich will dir deinen Baum,
fremd' Kind, hier lassen schimmern
auf diesem offnen Raum
so schön, daß die in Zimmern
so schön sein sollen kaum.«

Da deutet mit der Hand
Christkindlein auf zum Himmel,
und droben leuchtend stand
ein Baum voll Sterngewimmel
vielästig ausgespannt.

So fern und doch so nah,
wie funkelten die Kerzen!
Wie ward dem Kindlein da,
dem fremden, still zu Herzen,
das seinen Christbaum sah!

Es ward ihm wie ein Traum;
da langten hergebogen
Englein herab vom Baum
zum Kindlein, das sie zogen
hinauf zum lichten Raum.

Das fremde Kindlein ist
zur Heimat nun gekehret,
bei seinem heil'gen Christ;
und was hier wird bescheret,
es dorten leicht vergißt.

Friedrich Rückert

Kiek an, wat is de Himmel so rot!

Kiek an, wat is de Himmel so rot!
Dat is dat Christkind,
de backt dat Brot.
De backt den Wiehnachtsmann sin Stuten
for all de lütten Leckersnuten.

Plattdeutsches Weihnachtsgedicht

Zu Bethlehem, da ruht ein Kind

Zu Bethlehem, da ruht ein Kind,
Im Kripplein eng und klein,
Das Kindlein ist ein Gotteskind,
Nennt Erd' und Himmel sein.

Zu Bethlehem, da liegt im Stall,
Bei Ochs und Eselein,
Der Herr, der schuf das Weltenall,
Als Jesukindchen klein.

Von seinem gold'nen Thron herab
Bringt's Gnad und Herrlichkeit,
Bringt jedem eine gute Gab',
Die ihm das Herz erfreut.

Der bunte Baum vom Licht erhellt,
Der freuet uns gar sehr,
Ach, wie so arm die weite Welt,
Wenn's Jesukind nicht wär'!

Das schenkt uns Licht und Lieb' und Lust
In froher, heil'ger Nacht.
Das hat, als es nichts mehr gewußt,
Sich selbst uns dargebracht.

O wenn wir einst im Himmel sind,
Den lieben Englein nah,
Dann singen wir dem Jesukind
Das wahre Gloria.

Annette von Droste-Hülshoff

Christkind im Walde

Christkind kam in den Winterwald,
der Schnee war weiß, der Schnee war kalt.
Doch als das heil'ge Kind erschien,
fing's an im Winterwald zu blühn.

Christkindlein trat zum Apfelbaum,
erweckt' ihn aus dem Wintertraum.
»Schenk Äpfel süß, schenk Äpfel zart,
schenk Äpfel mir von aller Art!«

Der Apfelbaum, er rüttelt' sich,
der Apfelbaum, er schüttelt' sich,
da regnet's Äpfel ringsumher;
Christkindleins Taschen wurden schwer.

Die süßen Früchte alle nahm's,
und also zu den Menschen kam's.
Nun, holde Mäulchen, kommt, verzehrt,
was euch Christkindlein hat beschert!

Ernst von Wildenbruch

Das Christkind

Nicht glänzend ging es damals zu,
ein Kälbchen machte friedlich muh,
ein Eselchen stand an der Krippe,
beschnüffelte mit seiner Lippe
ein kleines Bündelchen von Stroh,
es gab noch keinen Bernhard Shaw,
ein Satz, womit ich illustriere
die Einfalt meiner lieben Tiere,
die man am Abhang weiden sah.
Als sei die Nacht dem Tage nah,
war's hell üb'rall in der Umgebung,
und in bezug auf die Bewegung,
die ich dem Lied hier geben will,
verhielt sich die Madonna still,
als sei sie selig; ihr Gemahl
stand im durchaus nicht prächtigen Saal,
als habe sich hier nimmermehr
etwas ereignet, das er sehr
schwer etwa hätte nehmen müssen.
Die Hirten würden es nun grüßen,
das kindlich auf dem Schoß ihr lag,
und ich nun nichts mehr sagen mag,
weil es mir scheint, was ich berichte,
beziehe sich auf Weltgeschichte.
In engem Stalle fing die Bahn
von etwas Einflußreichem an.

Robert Walser

Ein Brief vom Christkindlein

Der Vater spricht:
Wie ihr geschlafen habt heut nacht,
war's mir, als hätt's getropft
ans Fenster; aber da hat sacht
ein Englein geklopft.

Oh, das war eine feine Stimm',
wie's mich beim Namen rief:
»Da, Vater, komm herbei und nimm,
da hab' ich einen Brief.

Den lese deinen Kindern vor,
er ist vom heil'gen Christ.«
Drum horcht und lauscht mit leisem Ohr,
wie er geschrieben ist.

Ihr lieben, lieben Kinderlein!
Oh, seid mir ja recht fromm,
dann leg' ich euch was Schönes ein,
wenn ich hernieder komm'.

Ihr lieben, lieben Kinderlein!
Oh, seid mir ja recht brav,
dann leg' ich euch was Schönes ein,
wenn ihr noch liegt im Schlaf.

Und wenn die Kinder sind im Traum,
dann, Vater, mach mir auf,
dann bring ich einen großen Baum
mit vielen Lichtern drauf.

Dem Engelein von purem Gold
hab' ich sein Kleid gemacht,
wie wird das flimmern wunderhold
in der stockfinstern Nacht.

Und an den Zweigen hängen rings
von Zucker Stern an Stern,
und goldne Nüsse rechts und links,
süß wie ein Mandelkern.

Und in dem Gärtchen untendran,
da sitzen Schaf und Lamm,
und Küchlein, Hennen und der Hahn,
mit seinem roten Kamm.

Doch folgen dir die Kinder nicht,
und mußt du zanken oft,
so komm ich diesen Winter nicht,
denn ich seh's unverhofft.

Dann laß ich meinen Baum im Wald,
und heb' die Sachen auf,
und bringe einen Stecken halt
und eine Rute drauf.

Friedrich Güll

Advent

Advent, Advent,
Ein Lichtlein brennt.
Erst eins, dann zwei, dann drei, dann vier,
Dann steht das Christkind vor der Tür.

Am Weihnachtsbaum
die Lichter brennen ...

Vor dem Christbaum

Da guck einmal, was gestern nacht
Christkindlein alles mir gebracht:
Ein Räppchen,
ein Wägelein,
ein Käppchen,
ein Krägelein;
ein Tütchen
und ein Rütchen;
ein Büchlein
voller Sprüchlein;
das Tütchen, wenn ich fleißig lern,
ein Rütchen, tät ich es nicht gern,
und nun erst gar den Weihnachtsbaum,
ein schönrer steht im Walde kaum.
Ja, schau nur her und schau nur hin
und schau, wie ich so glücklich bin.

Friedrich Güll

Der Weihnachtsbaum

Von allen den Bäumen jung und alt,
Von allen den Bäumen groß und klein,
Von allen in unserm ganzen Wald,
Wer mag doch der allerschönste sein?

Der schönste von allen weit und breit,
Das ist doch allein, wer zweifelt dran?
Der Baum, der da grünet allezeit,
Den heute mir bringt der Weihnachtsmann.

Wenn alles schon schläft in stiller Nacht,
Dann holet er ihn bei Sternenschein
Und schlüpfet, eh einer sich's gedacht,
Gar heimlich damit ins Haus hinein.

Dann schmückt er mit Lichtern jeden Zweig,
Hängt Kuchen und Nüss und Äpfel dran:
So macht er uns alle freudenreich,
Der liebe, der gute Weihnachtsmann.

Hoffmann von Fallersleben

Der Bratapfel

Kinder, kommt und ratet,
was im Ofen bratet!
Hört, wie's knallt und zischt.
Bald wird er aufgetischt,
der Zipfel, der Zapfel,
der Kipfel, der Kapfel,
der gelbrote Apfel.

Kinder, lauft schneller,
holt einen Teller,
holt eine Gabel!
Sperrt auf den Schnabel
für den Zipfel, den Zapfel,
den Kipfel, den Kapfel,
den goldbraunen Apfel!

Sie pusten und prusten,
sie gucken und schlucken,
sie schnalzen und schmecken,
sie lecken und schlecken
den Zipfel, den Zapfel,
den Kipfel, den Kapfel,
den knusprigen Apfel.

Der Stern

Hatt' einer auch fast mehr Verstand
als wie die drei Weisen aus Morgenland
und ließe sich dünken, er wäre wohl nie
dem Sternlein nachgereist, wie sie;
dennoch, wenn nun das Weihnachtsfest
seine Lichtlein wonniglich scheinen läßt,
fällt auch auf sein verständig Gesicht,
er mag es merken oder nicht,
ein freundlicher Strahl
des Wundersternes von dazumal.

Wilhelm Busch

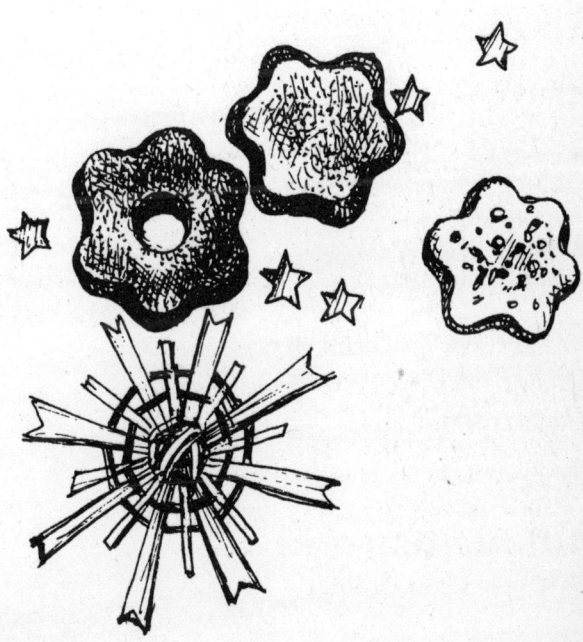

Aus der Kinderstube

Aus der Kinderstub' ein Märchen.
Zu Weihnachten kam ein Pärchen
Zuckerwerk gesandt vom Bäschen –
war's ein Jäger und ein Häschen,
war's ein Schäfer und ein Lämmchen
neben einem Tannenstämmchen?
Nicht mehr weiß ich's, kurz: ein Männchen
und ein Tierchen bei 'nem Tännchen.
Und die Mutter sprach dem Ernste,
ihrem jüngsten, zu mit Ernste:
Dieses sollst du nur betrachten,
aber nicht zu essen trachten.
Doch, ihn erst zu prüfen eben,
ward ihm nur das Tier gegeben
sie behielt den Mann zurücke,
das gereichte dem zum Glücke.
Denn sein Tierchen nahm das Bübchen,
sperrt' es in sein Spielzeugschiebchen,
kam dann stündlich zu der Mutter:
Gib mir für mein Tierchen Futter!
Äpfel gab sie ihm und Semmeln,
was nicht Hasen taugt noch Hämmeln,
doch der Füttrer selber aß es,
meinte stets, sein Tierchen fraß es.
Als nun lang der arme Schlucker
so geweidet seinen Zucker,
und sein Auge dran geweidet,
war ihm diese Lust verleidet.
Er begann es zu belecken,
und es mochte süß ihm schmecken,
und mit einmal war das Köpfchen
ab dem zuckernen Geschöpfchen.

Und wie's mit dem Haupt gelungen,
war das Ganze bald bezwungen.
Als er nun nicht mehr um Futter
kam zu betteln bei der Mutter,
merkte sie, daß was geschehen,
sprach: Laß mich dein Tierchen sehen!
Und der Sünder stand betroffen.
Mutter sprach: Ich will nicht hoffen,
daß du's habest aufgegessen?
»Mutter, nein! doch aufgefressen.«
Wie? gleich wilden Raubtierhorden?
»Ja! ich war der Wolf geworden;
weil du von dem Wolf doch immer
abends uns erzählst im Zimmer.«
Und du hast es ganz gegessen?
»Nur soviel der Wolf kann fressen,
nur das Tierchen, nicht das Tännchen.
Aber gib mir nun das Männchen,
das will ich bewahren besser.«
Mutter sprach: Ein Menschenfresser
willst du werden ungeheuer?
Und das Kind ward rot wie Feuer.
Doch sie sprach: daß wir's verbessern,
weil ich doch von Menschenfressern
abends auch dir vorgetragen,
will ich's Männchen dir versagen,
daß nicht etwa gar, mein Kindchen,
du's verschlingest samt dem Flintchen.
Oder ob gesagt sie habe,
statt der Flinte: mit dem Stabe;
das kommt darauf an, ob Jäger
es gewesen oder Schäfer.

Friedrich Rückert

Der Weihnachtsbaum

Steht er da, der Weihnachtsbaum,
wie ein bunter, goldner Traum,
spiegelt Unschuldkinderglück,
all sein Paradies zurück.

Und wir schaun und denken dann,
wie uns heut das Heil begann,
wie das Kindlein Jesus Christ
heut zur Welt geboren ist;

Wie das Kind von Himmelsart
lag auf Stroh und Halmen hart,
wie der Menschheit Hort und Trost
Erdenelend hat erlost.

Also stehn und schauen wir
Gottes Lust und Gnade hier:
Was uns in dem Kindlein zart
alles heut geboren ward.

Blüh denn, leuchte, goldner Baum,
Erdentraum und Himmelstraum,
blüh und leucht in Ewigkeit
durch die arme Zeitlichkeit!

Sei uns Bild und sei uns Schein,
daß wir sollen fröhlich sein,
fröhlich durch den süßen Christ,
der des Lebens Leuchte ist.

Sei uns Bild und sei uns Schein,
daß wir sollen tapfer sein
auf des Lebens Pilgerbahn,
kämpfend gegen Lug und Wahn.

Sei uns Bild und sei uns Schein,
daß wir sollen heilig sein,
rein wie Licht und himmelklar,
wie das Kindlein Jesus war.

Ernst Moritz Arndt

Der Traum

Ich lag und schlief, da träumte mir
Ein wunderschöner Traum:
Es stand auf unserm Tisch vor mir
Ein hoher Weihnachtsbaum.

Und bunte Lichter ohne Zahl,
Die brannten rings umher,
Die Zweige waren allzumal
Von goldnen Äpfeln schwer.

Und Zuckerpuppen hingen dran:
Das war mal eine Pracht!
Da gab's, was ich nur wünschen kann
Und was mir Freude macht.

Und als ich nach dem Baume sah
Und ganz verwundert stand,
Nach einem Apfel griff ich da,
Und alles, alles schwand.

Da wacht ich auf aus meinem Traum,
Und dunkel war's um mich:
Du lieber, schöner Weihnachtsbaum,
Sag an, wo find ich dich?

Da war es just, als rief' er mir:
»Du darfst nur artig sein,
Dann steh ich wiederum vor dir –
Jetzt aber schlaf nur ein!

Und wenn du folgst und artig bist,
Dann ist erfüllt dein Traum,
Dann bringet dir der Heilge Christ
Den schönsten Weihnachtsbaum.«

Hoffmann von Fallersleben

Nun duftet Wachs

Nun duftet Wachs, nun glimmt der Tann,
Die Weihnachtszeit hebt wieder an.

Noch freust du dich am Lichterkranz,
Bald steht der Baum im vollen Glanz.

Bald hältst und hast du, was dir frommt,
Und dankst dem Herrn, der wiederkommt.

Ein Kindlein bringt dir grosse Freud:
Ach denk, ach denk, was das bedeut!

Schau's an, als wär's dein eigen Kind:
Der Weg nach Golgatha beginnt.

Rudolf Alexander Schröder

Rätsel

Ich kenne ein Bäumchen gar fein und zart,
das trägt euch Früchte seltener Art.
Es funkelt und leuchtet mit hellem Schein
weit in des Winters Nacht hinein.
Das sehen die Kinder und freuen sich sehr
und pflücken vom Bäumchen und pflücken es leer.

Volksgut

Christmarkt vor dem Berliner Schloß

Welch lustiger Wald um das hohe Schloß
hat sich zusammengefunden,
ein grünes, bewegliches Nadelgehölz,
von keiner Wurzel gebunden!

Anstatt der warmen Sonne scheint
das Rauschgold durch die Wipfel;
hier backt man Kuchen, dort brät man Wurst,
das Räuchlein zieht um die Gipfel.

Der eine kauft ein bescheidnes Gewächs
zu überreichen Geschenken,
der andere einen gewaltigen Strauch,
drei Nüsse daran zu henken.

Und kommt die Nacht, so singt der Wald
und wiegt sich im Gaslichtscheine;
da führt die ärmste Mutter ihr Kind
vorüber dem Zauberhaine.

Gottfried Keller

Das Weihnachtsbäumlein

Es war einmal ein Tännelein
mit braunen Kuchenherzelein
und Glitzergold und Äpflein fein
und vielen bunten Kerzlein:
Das war am Weihnachtsfest so grün,
als fing es eben an zu blühn.

Doch nach nicht gar zu langer Zeit,
da stands im Garten unten,
und seine ganze Herrlichkeit
war, ach, dahingeschwunden.
Die grünen Nadeln warn verdorrt,
die Herzlein und die Kerzlein fort.

Bis eines Tags der Gärtner kam,
den fror zuhaus im Dunkeln,
und es in seinen Ofen nahm –
hei! tats da sprühn und funkeln!
Und flammte jubelnd himmelwärts
in hundert Flämmlein an Gottes Herz.

Christian Morgenstern

Es naht die heilige Nacht ...

Advent

Es treibt der Wind im Winterwalde
Die Flockenherde wie ein Hirt,
Und manche Tanne ahnt, wie balde
Sie fromm und lichterheilig wird,

Und lauscht hinaus. Den weißen Wegen
Streckt sie die Zweige hin – bereit,
Und wehrt dem Wind und wächst entgegen
Der einen Nacht der Herrlichkeit.

Rainer Maria Rilke

Weihnachten

Liebeläutend zieht durch Kerzenhelle,
Mild, wie Wälderduft, die Weihnachtszeit,
Und ein schlichtes Glück streut auf die Schwelle,
Schöne Blumen der Vergangenheit.

Hand schmiegt sich an Hand im engen Kreise,
Und das alte Lied von Gott und Christ
Bebt durch Seelen und verkündet leise,
Daß die kleinste Welt die größte ist.

Joachim Ringelnatz

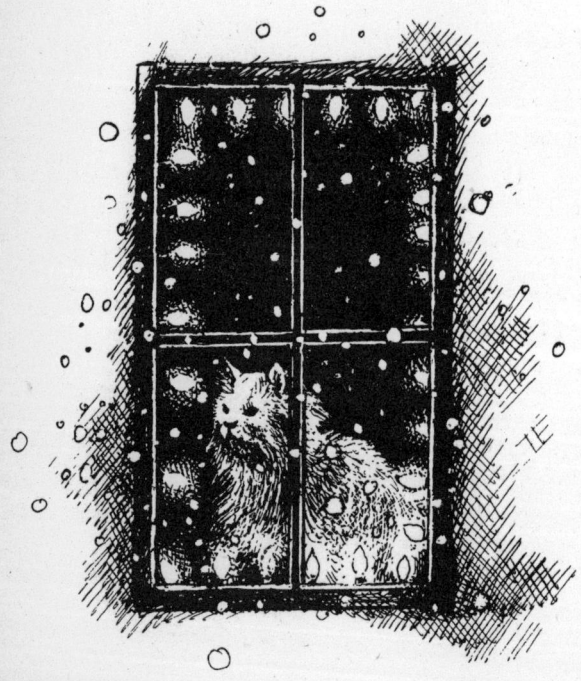

Heilige Nacht (I)

So ward der Herr Jesus geboren
Im Stall bei der kalten Nacht.
Die Armen, die haben gefroren,
Den Reichen war's warm gemacht.

Sein Vater ist Schreiner gewesen,
Die Mutter war eine Magd.
Sie haben kein Geld nicht besessen,
Sie haben sich wohl geplagt.

Kein Wirt hat ins Haus sie genommen;
Sie waren von Herzen froh,
Daß sie noch in Stall sind gekommen.
Sie legten das Kind auf Stroh.

Die Engel, die haben gesungen,
Daß wohl ein Wunder geschehn.
Da kamen die Hirten gesprungen
Und haben es angesehn.

Die Hirten, die will es erbarmen,
Wie elend das Kindlein sei.
Es ist eine Gschicht für die Armen,
Kein Reicher war nicht dabei.

Ludwig Thoma

Heilige Nacht (II)

Im Wald is so staad,
Alle Weg san vawaht,
Alle Weg san vaschniebn,
Is koa Steigl net bliebn.

Hörst d' as z'weitest im Wald,
Wenn da Schnee oba fallt,
Wann si's Astl o'biagt,
Wann a Vogel auffliagt.

Aba heunt kunnts scho sei,
Es waar nomal so fei,
Es waar nomal so staad,
Daß si gar nix rührn tat.

Kimmt die heilige Nacht.
Und da Wald is aufgwacht,
Schaugn de Has'n und Reh,
Schaugn de Hirsch übern Schnee.

Hamm sie neamad net gfragt,
Hot's eahr neamad net gsagt,
Und kennan s' do bald,
D' Muatta Gottes im Wald.

Ludwig Thoma

Weihnacht

Laßt die Tore nun verschließen,
vor den Toren steht die Zeit.
Will sie bleiben oder fliehen:
uns laßt vor der Krippe knien,
still ruht hier die Ewigkeit.

Vor den Fenstern glänzt's wie Waffen
glänzt Herodes auf dem Thron,
doch hier brennen still die Kerzen,
und die Jungfrau kniet in Schmerzen
lächelnd vor dem jungen Sohn.

Vor den Fenstern lärmen Knechte,
doch hier knien die Hirten stumm,
still dreht sich die Sternennabe,
Josef lehnt an seinem Stabe,
Ochs und Esel stehn herum.

Heute wie vor tausend Jahren
ist des Herzens Heimat fern,
Trommeln dröhnen vor den Toren,
doch uns ist ein Kind geboren, –
und am Himmel strahlt der Stern.

Ernst Wiechert

Am Weihnachtstag

Still ist die Nacht; in seinem Zelt geborgen,
der Schriftgelehrte späht mit finstren Sorgen,
wann Judas mächtiger Tyrann erscheint;
den Vorhang lüftet er, nachstarrend lange
dem Stern, der gleitet über Äthers Wange,
wie Freudenzähre, die der Himmel weint.

Und fern vom Zelte über einem Stalle,
da ist's, als ob aufs niedre Dach er falle;
in tausend Radien sein Licht er gießt.
Ein Meteor, so dachte der Gelehrte,
als langsam er zu seinen Büchern kehrte.
O weißt du, wen das niedre Dach umschließt?

In einer Krippe ruht ein neugeboren
und schlummernd Kindlein;
wie im Traum verloren.
Die Mutter kniet, Weib und Jungfrau doch.
Ein ernster, schlichter Mann
rückt tief erschüttert
das Lager ihnen; seine Rechte zittert
dem Schleier nahe um den Mantel noch.

Und an der Türe stehn geringe Leute,
mühsel'ge Hirten, doch die ersten heute;
und in den Lüften klingt es süß und lind,
verlorne Töne von der Engel Liede:
»Dem Höchsten Ehr'
und allen Menschen Friede,
die eines guten Willens sind!«

Annette von Droste-Hülshoff

Die Nacht des Heils

Diese Nacht, diese Nacht
der Kerzen, der Lieder und der Freundlichkeit,
ist eine Nacht wie eine jede andere Nacht,
wenn Winter Atemwolken ballt:
die Geländer der Brücken sind kalt,
auf den Flüssen treibt Eis,
auf dem Froste der Länder
liegt Schnee.

Nur ihr seid anders
in dieser einen Nacht
in den festlichen Stuben
um den strahlenden Baum
des verkündeten Heils.
Man kündet euch den Frieden,
der in dieser gepriesenen Nacht
einmal zu Wachenden kam.
Und ihr wollt alle Wachende sein
in dieser einen gepriesenen Nacht,
Wachende, Gläubige, Bereite,
die sich nach tausend wüsten Träumen
plötzlich arglos in die Augen sehen
und wie ein Wunder sehen,
daß sie alle denken Du und Wir.
Doch das ist nur in einer Nacht
im langen Jahr der wüsten Träume,
daß jeder jedem arglos in die Augen sieht.
Der Frost der Träume überwältigt euch
am nächsten Morgen schon, der grausam sich erhebt.
Und jeder will das leuchtende Heil
dann wieder nur für sich allein.

Wenn ihr aber
einmal für alle,
denen ihr in dieser einen Nacht
brüderliche Hirten wart,
bereite Wächter sein wollt,
Nacht für Nacht und Tag für Tag,
dann wird eure Erlösung,
die frohe Botschaft von Lippe zu Lippe,
von Antlitz zu Antlitz,
von Hirte Mensch zu Hirte Mensch,
geboren werden
in jeder Nacht, an jedem Tag
unserer gewehrlaufhart
gefrorenen Erde.

Gerhard Fritsch

Vor Weihnachten

Heimliche Zeit,
wenn es draußen friert und schneit
und der Christ ist nicht mehr weit!

Wie's tuschelt in den entferntesten Ecken,
kichert und lacht!

Überall Bepacktsein, Verstecken;
Vorfreude: wie anderen Freude man macht!
Hoffen und Wünschen webt feiernd durchs Zimmer:
Ein Heinzelmannwirken im Lampenschimmer.

Mich deucht, ich sah einen güldenen Schein:
Guckt da nicht Sankt Niklas zum Fenster herein?
Glocken erklingen in weiter Ferne.
Bratäpfelduft aus dem Ofen quoll.

Am nachtklaren Himmel schimmern die Sterne
verheißungsvoll
und schauen das Treiben und freuen sich mit
bei der eilenden Menschen frohklingendem Schritt.

Friedvolles Hasten weit und breit:
Weihnacht ist nahe! O heimliche Zeit!

Albert Sergel

Die heilige Nacht

Gesegnet sei die heilige Nacht,
Die uns das Licht der Welt gebracht! –

Wohl unterm lieben Himmelszelt
Die Hirten lagen auf dem Feld.

Ein Engel Gottes, licht und klar,
Mit seinem Gruß tritt auf sie dar.

Vor Angst sie decken ihr Angesicht,
Da spricht der Engel: »Fürcht't euch nicht!

Ich verkünd euch große Freud:
Der Heiland ist euch geboren heut.«

Da gehn die Hirten hin in Eil,
Zu schaun mit Augen das ewig Heil;

Zu singen dem süßen Gast Willkomm,
Zu bringen ihm ein Lämmlein fromm. –

Bald kommen auch gezogen fern
Die heilgen drei König mit ihrem Stern.

Sie knieen vor dem Kindlein hold,
Schenken ihm Myrrhen, Weihrauch, Gold.

Vom Himmel hoch der Engel Heer
Frohlocket: »Gott in der Höh sei Ehr!«

Eduard Mörike

Die Mutter am Christabend

Er schläft, er schläft! Das ist einmal ein Schlaf!
So recht, du lieber Engel du!
Tu mir die Lieb' und lieg' in Ruh,
Gott gönnt es meinem Kind im Schlaf!

Erwach' mir nicht, ich bitt', ich bitt'!
Die Mutter geht mit stillem Tritt,
sie geht mit zartem Muttersinn,
und holt den Baum zur Kammer hin.

Was häng' ich dir denn an?
'nen Pfefferkuchenmann,
ein Kätzelchen, ein Spätzelchen,
und Blumen bunt und süß und weich,
und alles ist von Zuckerteig.

Genug, du Mutterherz!
Viel Süßigkeit bringt Schmerz.
Gib sparsam wie der liebe Gott.
Tagtäglich nützt kein Zuckerbrot.

Jetzt rote Äpfel her,
die schönsten, die ich haben kann!
Es ist auch nicht ein Fleckchen dran,
wer hat sie schöner, wer?
's ist wahr, es ist 'ne Pracht,
was so ein Apfel lacht.

Jetzt – Gott behüte dich,
an ander Mal denn mehr!
Heut' war es, wo der heil'ge Christ
ein Kind wie du geworden ist.
Werd' auch so brav wie er!

Johann Peter Hebel

Die gute Nacht

Der Tag, vor dem der große Christ
Zur Welt geboren worden ist
War hart und wüst und ohne Vernunft.
Seine Eltern, ohne Unterkunft
Fürchteten sich vor seiner Geburt
Die gegen Abend erwartet wurd.

Denn seine Geburt fiel in die kalte Zeit.
Aber sie verlief zur Zufriedenheit.
Der Stall, den sie doch noch gefunden hatten
War warm und mit Moos zwischen seinen Latten
Und mit Kreide war auf die Tür gemalt
Daß der Stall bewohnt war und bezahlt.
So wurde es doch noch eine gute Nacht
Auch das Heu war wärmer, als sie gedacht.
Ochs und Esel waren dabei
Damit alles in der Ordnung sei.
Eine Krippe gab einen kleinen Tisch
Und der Hausknecht brachte ihnen heimlich einen Fisch.
(Denn es mußte bei der Geburt des großen Christ
Alles heimlich gehen und mit List.)

Doch der Fisch war ausgezeichnet und reichte durchaus
Und Maria lachte ihren Mann wegen seiner Besorgnis aus
Denn am Abend legte sich sogar der Wind
Und war nicht mehr so kalt, wie die Winde sonst sind.
Aber bei Nacht war er fast wie ein Föhn.
Und der Stall war warm und das Kind war sehr schön.

Und es fehlte schon fast gar nichts mehr
Da kamen auch noch die Dreikönig daher!
Maria und Joseph waren zufrieden sehr.
Sie legten sich sehr zufrieden zum Ruhn
Mehr konnte die Welt für den Christ nicht tun.

Bertolt Brecht

Dies ist der Tag,
den Gott gemacht . . .

Weihnachtslied

Vom Himmel in die tiefsten Klüfte
Ein milder Stern herniederlacht;
Vom Tannenwalde steigen Düfte
Und hauchen durch die Winterlüfte,
Und kerzenhelle wird die Nacht.

Mir ist das Herz so froh erschrocken,
Das ist die liebe Weihnachtszeit!
Ich höre fernher Kirchenglocken
Mich lieblich heimatlich verlocken
In märchenstille Herrlichkeit.

Ein frommer Zauber hält mich wieder,
Anbetend, staunend muß ich stehn;
Es sinkt auf meine Augenlider
Ein goldner Kindertraum hernieder,
Ich fühl's, ein Wunder ist geschehn.

Theodor Storm

Weihnachtslied, chemisch gereinigt

Morgen, Kinder, wird's nichts geben!
Nur wer hat, kriegt noch geschenkt.
Mutter schenkte euch das Leben:
Das genügt, wenn man's bedenkt.
Einmal kommt auch eure Zeit.
Morgen ist's noch nicht soweit.

Doch ihr dürft nicht traurig werden.
Reiche haben Armut gern.
Gänsebraten macht Beschwerden.
Puppen sind nicht mehr modern.
Morgen kommt der Weihnachtsmann.
Allerdings nur nebenan.

Lauft ein bißchen durch die Straßen!
Dort gibt's Weihnachtsfest genug.
Christentum, vom Turm geblasen,
macht die kleinsten Kinder klug.
Kopf gut schütteln vor Gebrauch!
Ohne Christbaum geht es auch.

Tannengrün mit Osrambirnen –
lernt drauf pfeifen! Werdet stolz!
Reißt die Bretter von den Stirnen,
denn im Ofen fehlt's an Holz!
Stille Nacht und heilge Nacht –
weint, wenn's geht, nicht! Sondern lacht!

Morgen, Kinder, wird's nichts geben!
Wer nichts kriegt, der kriegt Geduld!
Morgen, Kinder, lernt fürs Leben!
Gott ist nicht allein dran schuld.
Gottes Güte reicht so weit . . .
Ach, du liebe Weihnachtszeit!

Erich Kästner

Ein Lied
hinterm Ofen zu singen

Der Winter ist ein rechter Mann,
kernfest und auf die Dauer;
Sein Fleisch fühlt sich wie Eisen an,
Und scheut nicht süß noch sauer.

War je ein Mann gesund, ist er's;
Er krankt und kränkelt nimmer,
Weiß nichts von Nachtschweiß noch Vapeurs,
Und schläft im kalten Zimmer.

Er zieht sein Hemd im Freien an,
Und läßt's vorher nicht wärmen;
Und spottet über Fluß im Zahn
Und Kolik in Gedärmen.

Aus Blumen und aus Vogelsang
Weiß er sich nichts zu machen,
Haßt warmen Drang und warmen Klang
Und alle warme Sachen.

Doch wenn die Füchse bellen sehr,
Wenn's Holz im Ofen knittert,
Und um den Ofen Knecht und Herr
Die Hände reibt und zittert;

Wenn Stein und Bein vor Frost zerbricht
Und Teich' und Seen krachen;
Das klingt ihm gut, das haßt er nicht,
Denn will er sich tot lachen. –

Sein Schloß von Eis liegt ganz hinaus
Beim Nordpol an dem Strande;
Doch hat er auch ein Sommerhaus
Im lieben Schweizerlande.

Da ist er denn bald dort bald hier,
Gut Regiment zu führen.
Und wenn er durchzieht, stehen wir
Und sehn ihn an und frieren.

Matthias Claudius

Weihnachtsepistel

London, 19. Dezember 1855, 3¹/₂ Uhr morgens

Im Café »Diwan« wieder einmal
Starr ich in die flammenden Leuchter,
Das Herz wird weihnachtssentimental,
Und die Wimpern werden feuchter;
Doch zwischen die Tränen tritt Freund Humor,
Ein gemütlich-lustiger Lerse,
Und nur ein leiser Trauerflor
Legt sich um die lachenden Verse.

Ich seh im Geist ein rumpliges Haus
Und eine rumplige Stube,
Drei Frauen gehen ein und aus,
Und der vierte ist mein Bube.
Die älteste Frau hat schwarzes Haar,
Und die jüngste hat es nicht minder,
Das macht, es ist, wie's immer war,
Es ähneln sich Mutter und Kinder.

Die dritte sieht ihren Knaben an
Unter Lachen und unter Weinen.
Die denkt: ›Ich hab eine Art von Mann
Und hab auch wieder keinen.‹
Der Junge spielt und fährt über See,
Um seinen Vater zu suchen,
Er ruft: »Lieb Mutter mein, ade,
Ich hole den Butterkuchen.«

Der Vater, ach, ihm ist nicht nett,
Er muß sich wehren und stemmen,
Er säß' viel lieber im Kabriolett
Und passierte Friesack und Cremmen;
Er spränge gern zum Wagen hinaus
Am Kanal und der Kirchplatzecke
Und schleppte gern in das rumplige Haus
Den besten der Ruprechtsäcke.

Es kann nicht sein, am Londoner Strand,
In Simpsons stolzer Taverne,
Legt an die Stirn er seine Hand
Und träumt sich ferne, ferne;
Er sieht durch Nebel und über das Meer
Eine Fülle lieber Gesichter,
Und heimisch wird es um ihn her,
Als brennten die Weihnachtslichter . . .

Theodor Fontane

Guter Nikolaus

Guter Nikolaus,
komm in unser Haus,
triffst ein Kindlein an,
das ein Sprüchlein kann
und schön folgen will!
Halte bei uns still,
schütt dein Säcklein aus,
guter Nikolaus!

Ach, du lieber Nikolaus,
komm doch einmal in mein Haus!
Hab' so lang an dich gedacht!
Hast mir auch was mitgebracht?

Lieber, guter Nikolaus

Lieber, guter Nikolaus,
bring den kleinen Kindern was!
Laß die Großen laufen,
die können selber kaufen.
Komm noch heut in unser Haus,
pack die großen Taschen aus.
Setz den Schimmel untern Tisch,
daß er Heu und Hafer frißt;
Heu und Hafer mag er nicht,
Zuckerbacknes kriegt er nicht!
Nikolaus, Nikolaus!

Niklaus, Niklaus, heiliger Mann,
zieh die Sonntagsstiefel an,
reis damit nach Spanien,
kauf Äpfel, Nüss', Kastanien.
Bring den kleinen Kindern was,
laß die Großen laufen,
die können sich selbst was kaufen.
Setz dein Schimmelchen untern Tisch,
daß es Heu und Hafer frißt;
Heu und Hafer frißt es nicht,
Zuckerplätzchen kriegt es nicht.

Weihnachtslied

Dies ist der Tag, den Gott gemacht:
Sein werd in aller Welt gedacht!
Ihn preise, was durch Jesum Christ
Im Himmel und auf Erden ist.

Die Völker haben Dein geharrt,
Bis daß die Zeit erfüllet ward;
Da sandte Gott von seinem Thron
Das Heil der Welt, Dich, seinen Sohn.

Wenn ich dies Wunder fassen will,
So steht mein Geist vor Ehrfurcht still;
Er betet an und er ermißt,
Daß Gottes Liebe unendlich ist.

Christian F. Gellert

Kaschubisches Weihnachtslied

Wärst du, Kindchen, im Kaschubenlande,
Wärst du, Kindchen, doch bei uns geboren!
Sieh, du hättest nicht auf Heu gelegen,
Wärst auf Daunen weich gebettet worden.

Nimmer wärst du in den Stall gekommen,
Dicht am Ofen stünde warm dein Bettchen,
Der Herr Pfarrer käme selbst gelaufen,
Dich und deine Mutter zu verehren.

Kindchen, wie wir dich gekleidet hätten!
Müßtest eine Schaffellmütze tragen,
Blauen Mantel von kaschubischem Tuche,
Pelzgefüttert und mit Bänderschleifen.

Hätten dir den eignen Gurt gegeben,
Rote Schuhchen für die kleinen Füße,
Fest und blank mit Nägelchen beschlagen!
Kindchen, wie wir dich gekleidet hätten!

Kindchen, wie wir dich gefüttert hätten!
Früh am Morgen weißes Brot mit Honig,
Frische Butter, wunderweiches Schmorfleisch,
Mittags Gerstengrütze, gelbe Tunke,

Gänsefleisch und Kuttelfleck mit Ingwer,
Fette Wurst und goldnen Eierkuchen,
Krug um Krug das starke Bier aus Putzig!
Kindchen, wie wir dich gefüttert hätten!

Und wie wir das Herz dir schenken wollten!
Sieh, wir wären alle fromm geworden,
Alle Knie würden sich dir beugen,
Alle Füße Himmelswege gehen.

Niemals würde eine Scheune brennen,
Sonntags nie ein trunkner Schädel bluten, –
Wärst du, Kindchen, im Kaschubenlande,
Wärst du, Kindchen, doch bei uns geboren!

Werner Bergengruen

Kindergebete

Lieber guter Weihnachtsmann,
schau mich nicht so böse an,
stecke deine Rute ein,
ich will auch immer artig sein.

———

Heil'ger Christ, wir flöten,
trommeln und trompeten:
Bring uns recht was Schönes mit,
lieber, guter, Heil'ger Christ!

———

Ei, du lieber Heil'ger Christ!
Komm nur nicht, wenn's dunkel ist,
komm im hellen Mondenschein,
wirf mir Nüss' und Äpfel rein!

———

Christkindchen, ich will artig sein,
bescher' mir was in mein Schüsselein,
Äpfel, Nüsse, eins, zwei, drei,
und ein Püppchen auch dabei.

Quellenverzeichnis*

Werner Bergengruen »Kaschubisches Weihnachtslied«;
Aus: Gestern fuhr ich Fische fangen . . .;
hrsg. von Luise N. Hacklelsberger; © 1992 by Arche Verlag
AG, Raabe + Vitali, Zürich

Bertold Brecht »Die gute Nacht«;
Aus: Gesammelte Werke; © by Suhrkamp Verlag
Frankfurt am Main 1967

Gerhard Fritsch »Die Nacht des Heils«;
Aus: Gesammelte Gedichte; © by Otto Müller
Verlag, Salzburg 1994

C. G. Hering »Morgen, Kinder, wird's was geben«;
Aus: Es weihnachtet sehr; hrsg. von Jaan Hansen;
Gütersloher Verlagshaus Mohn, Gütersloh 1987

Erich Kästner »Weihnachtslied, chemisch gereinigt«;
Aus: Gesammelte Schriften für Erwachsene;
Atrium-Verlag, Zürich 1969;
© by Erich Kästner Erben, München

Wilhelm Lobsien »Dämmerstille Nebelfelder«;
Westholsteinische Verlagsanstalt und Verlagsdruckerei
Boysen & Co., Heide, mit Genehmigung der Inhaberin der
Rechte Anni Lobsien

Max Mell »Die heiligen Drei Könige«;
Aus: Herz werde groß. Gedichte und Dramen; 1. Auflage 1982;
Verlag Styria Graz Wien Köln

Josef Georg Oberkofler »Zum 6. Dezember«;
Aus: Hausbuch zur Advents- und Weihnachtszeit; hrsg. von
Georg Thurmair; Christophorus Verlag, Freiburg 1969

Rainer Maria Rilke »Advent«;
  Aus: Gesammelte Werke; © by Insel Verlag Frankfurt am Main

Joachim Ringelnatz »Weihnachten«,
  »Die Weihnachtsfeier des Seemanns Kuttel Daddeldu«;
  Aus: Das Gesamtwerk in sieben Bänden;
  © 1994 by Diogenes Verlag AG Zürich

Rudolf Alexander Schröder »Nun duftet Wachs«,
  »Laß schauen uns dein Angesicht«;
  Aus: Gesammelte Werke, Band 1: Die Gedichte;
  © by Suhrkamp Verlag Frankfurt am Main 1952

Georg Thurmair »Der Weihnachtsstern«;
  Aus: Hausbuch zur Advents- und Weihnachtszeit;
  hrsg. von Georg Thurmair; Christophorus Verlag,
  Freiburg 1969

Robert Walser »Das Christkind«;
  Aus: Das Gesamtwerk; © by Suhrkamp Verlag
  Zürich/Frankfurt am Main 1978;
  mit Genehmigung der Inhaberin der Rechte,
  der Carl Seelig-Stiftung, Zürich

Ernst Wiechert »Auf einer Krippe«, »Weihnacht«;
  © by Langen Müller in der F. A. Herbig Verlagsbuchhandlung
  GmbH, München

Nicht alle Rechteinhaber konnten ermittelt werden. Bestehende
Ansprüche werden selbstverständlich abgegolten.

* Das Quellenverzeichnis enthält die urheberrechtlich geschütz-
  ten Gedichte.